AF603217

LÉGISLATION

DES

AFFICHES

PERPIGNAN
IMPRIMERIE DE CHARLES LATROBE
1, Rue des Trois-Rois, 1
—
1894

LÉGISLATION

DES

AFFICHES

PERPIGNAN
IMPRIMERIE DE CHARLES LATROBE
1, Rue des Trois-Rois, 1

1894

A MONSIEUR JOSEPH LAVERNY

PRÉSIDENT DE LA CHAMBRE SYNDICALE DES BOULANGERS

DES PYRÉNÉES-ORIENTALES

Juge au Tribunal de Commerce

de Perpignan

Témoignage de sincère amitié

J. Comet.

LÉGISLATION DES AFFICHES

DU MÊME AUTEUR :

Manuel d'Imposition avec procédé très simple pour faire une garniture, 1 vol. in-8° broché, de 80 pages et modèles, franco par la poste.................... .... **1 15**

Législation des Affiches, franco par la poste....... **1 10**

S'adresser à M. Comet, rue Saint-Jacques, à Perpignan

AU LECTEUR

L'étude d'une œuvre plus importante, depuis plusieurs mois en préparation, a fait tomber sous ma plume le sujet de ces quelques pages.

La législation des affiches comporte des cas nombreux qui ne sont pas bien spécifiés par la loi et peuvent laisser un doute dans l'esprit de l'imprimeur.

J'ai pensé être utile à certains confrères en livrant les notes que j'ai recueillies dans des livres spéciaux de jurisprudence et classées dans un ordre logique.

Ce livre n'est pas un Code sur la matière, je n'en ai pas la prétention; mais je crois pouvoir l'offrir comme un guide sûr pour l'interprétation de la loi.

J'ai soumis mes épreuves à des hommes très compétents sur cette question, et leur approbation m'a paru donner à mon travail l'autorité qui me manque. Je leur exprime ici tous mes remercîments avec le regret que leurs fonctions ne me permettent pas de les nommer.

Heureux mille fois si cette publication a pu éviter un désagrément dont les occasions sont si nombreuses en matière d'affiches.

LÉGISLATION DES AFFICHES

DÉSIGNATION DES AFFICHES

Les affiches sont soumises à des règlements spéciaux qu'il est utile aux imprimeurs de bien connaître, à cause de la législation spéciale qui les régit et des pénalités qu'elle entraîne.

La base de cette législation est contenue dans la loi sur la Presse du 29 juillet 1881, dans celle du 9 vendémiaire an VI et dans diverses lois fiscales modifiées à plusieurs reprises.

Au point de vue légal, on distingue diverses catégories d'affiches, soumises chacune à des règles spéciales : les affiches de l'autorité, les affiches électorales, les affiches particulières, les affiches manuscrites, les affiches peintes, les placards, les écriteaux et les affiches d'intérieur.

2

AFFICHES DE L'AUTORITÉ

Désignation. — Les affiches de l'autorité sont celles qui émanent du Gouvernement ou des Administrations qui en dépendent et n'ont pour objectif que l'intérêt général ou les intérêts particuliers de l'État :

Affiches du Gouvernement : Lois, décrets, messages, discours ou extraits des séances du Parlement *imprimés sur un vote spécial*, et généralement tous les actes publiés par ordre du Gouvernement.

Affiches administratives : Arrêtés préfectoraux, municipaux et toutes autres notifications officielles des diverses administrations de l'État (Douanes, Forêts, Postes, Domaines, Enseignement, etc.) ; affiches des Expositions universelles ou Concours régionaux.

Affiches judiciaires : Extraits de jugement portant condamnation pour crime, délit, fraude, déclaration d'absence, etc., dont l'affichage est prescrit par la loi ; les placards de vente de meubles ou immeubles par autorité de justice, *imprimés sur papier timbré.*

Affiches militaires : Ordres du jour, proclamations, tableau de répartition des classes, etc., et généralement tous actes quelconques de l'autorité militaire, surtout pendant l'état de siège.

Affiches religieuses : Prières ordonnées par le Gouvernement, mandements des évêques, décisions, ordonnances, etc.

Privilèges. — Les affiches de l'autorité jouissent de prérogatives spéciales sur les autres affiches : *seules* elles sont imprimées sur papier blanc ; sont exemptes de timbre ; dans chaque commune, le Maire fixe, par arrêté, l'emplacement qui leur est réservé.

Réserves. — Ne sont pas considérés comme actes de l'autorité et soumis à toutes les obligations des affiches particulières :

Les discours des membres du Parlement imprimés *sans un vote spécial* et par la seule volonté d'un groupe ou d'une personnalité ;

Les arrêtés préfectoraux ou municipaux qui auraient pour objectif les intérêts particuliers du Département ou de la Commune, tels par exemple qu'un concours organisé par une société privée d'agriculture ou autre, sous le patronage du Préfet ; les adjudications de travaux ou fournitures concernant les routes départementales ou les chemins vicinaux, dont la charge appartient exclusivement au Département ou à la Commune ;

Les extraits de jugement concernant un intérêt privé et accordés par le Tribunal comme satisfaction morale ; les placards de vente judiciaire *imprimés sur papier de couleur* (Voir Placard) ; les affiches de jugement d'expropriation pour cause d'utilité publique (art. 58 de la loi du 3 mai 1841).

Les adjudications de l'administration de la Guerre ou autres notifications militaires qui concerneraient des intérêts particuliers ;

Les affiches de pèlerinage quoique portant la signature de l'autorité diocésaine ; les prières publiques ordonnées seulement par l'Évêque, etc.

Exceptions. — Sont exceptées de ces réserves : les affiches des sociétés de tir de l'armée territoriale, à la condition que ces affiches porteront la signature d'un fonctionnaire de l'armée active (art. 16, Loi du 13 brumaire an VII) ; les affiches des sociétés de secours mutuels (art. 11 du décret-loi du 26 mars 1852). Par une exception spéciale et bien que concernant des intérêts privés, ces affiches sont dispensées du timbre, mais doivent être imprimées sur papier de couleur.

AFFICHES ÉLECTORALES

Période électorale. — Les affiches concernant les élections ne sont considérées comme électorales qu'à partir du jour où la période électorale est ouverte, c'est-à-dire la date de l'arrêté de convocation des électeurs. En dehors de cette période, soit avant soit après le vote définitif, les affiches d'un candidat sont considérées comme particulières.

Privilèges. — Pendant la période électorale sont affranchies du timbre les affiches d'un candidat contenant sa profession de foi, une circulaire signée de lui ou simplement son nom (Loi du 11 mai 1868). — Elles peuvent être placées, à l'exception des emplacements réservés aux affiches de l'autorité, sur tous les édifices publics autres que ceux consacrés aux cultes et particulièrement aux abords des salles de scrutin. (Loi du 29 juillet 1881, art. 16). — Elles doivent être imprimées sur papier de couleur, le papier blanc étant rigoureusement réservé aux actes de l'autorité. (Id., art. 15). Le droit d'affichage sur les édifices publics étant accordé par la loi aux affiches électorales, (Id., art. 16), il ne pourra leur être contesté, même s'il était concédé à un particulier.

Réserves. — Ne sont pas considérées comme affiches électorales, même pendant la période électorale, les affiches qui émanent d'un groupe d'électeurs ou d'un Comité formé pour soutenir une candidature ; elles doivent être timbrées et peuvent être privées de l'affichage sur les édifices publics, s'il est réservé. Cependant ces mêmes affiches seraient considérées comme électorales et en auraient tous les privilèges si elles portaient le « vu et approuvé » du candidat ; on pourrait exiger, dans ce cas, que les exemplaires déposés à la Préfecture soit signés de la main du candidat lui-même.

Les affiches de remerciement d'un candidat venant après un vote *en ballottage* sont considérées comme électorales parce que la période électorale n'est pas terminée ; elles seraient considérées comme particulières après la fin de cette période, c'est-à-dire après l'élection définitive, quand même ce candidat serait l'élu.

La faveur dont jouit l'affichage des affiches électorales sur les édifices publics, même s'il est réservé, ne s'étend pas aux maisons particulières.

AFFICHES PARTICULIÈRES

Papier de couleur. — Les affiches particulières doivent être imprimées sur papier de couleur, aux termes de l'art. 15 de la loi du 29 juillet 1881, qui porte : « Les affiches des actes émanés de l'autorité seront *seules* imprimées sur papier blanc. »

Vouloir essayer de tourner la loi à cet égard serait s'exposer aux pénalités qu'elle édicte. Ainsi, par exemple, est considérée comme blanche : une affiche imprimée sur papier blanc avec des encres de couleur ; une affiche encadrée ou coupée de bandes de papier de couleur.

Doit être cependant considéré comme papier de couleur : le papier peint barriolé, même si le blanc dominait ; une affiche imprimée sur papier de couleur au milieu de laquelle se trouverait une bande blanche ou un dessin imprimé sur papier blanc ; une affiche imprimée sur papier blanc avec un grand fond de couleur ayant pour but d'obtenir des lettres blanches, et couvrant la surface à peu près entière de l'affiche.

Sont tolérées les affiches sur papier blanc portant une image quelconque en couleurs, dont la forme ne laisse aucun doute sur la nature particulière de l'affiche.

L'imprimeur n'est, dans aucun cas, responsable de la décoloration du papier sur les murs.

Impôt. — Les affiches particulières sont grevées d'un impôt proportionnel à leur dimension. Il est acquitté au moyen d'un timbre mobile spécial qui est oblitéré par l'imprimeur ou encore par l'apposition du timbre extraordinaire à la Direction de l'Enregistrement.

Le prix du timbre est de :

5 c $\frac{2}{10}$ ou 6 c pour 12,5 décimètres carrés de superficie maximum soit le quart-colombier, 0m30 × 0m40.

10 c $\frac{2}{10}$ ou 12 c pour 25 décimètres carrés de superficie maximum soit le demi-colombier, 0m40 × 0m60.

15 c $\frac{2}{10}$ ou 18 c pour 50 décimètres carrés de superficie maximum soit le colombier, 0m60 × 0m80.

20 c $\frac{2}{10}$ ou 24 c pour les dimensions au-dessus.

On trouvera plus loin, aux conditions générales, des renseignements complémentaires.

Affiches multiples. — Si on mettait sur la même affiche plusieurs annonces différentes, se rapportant à des intérêts différents, jusqu'à 5 annonces le timbre de 24^{c} serait suffisant; après 5 annonces, ce timbre devrait être doublé, soit 48^{c}.

Si les affiches étaient placées dans un cadre ou tableau, chacune de ces affiches devrait acquitter le timbre proportionnel à sa dimension.

Affiches minuscules. — Le timbre est obligatoire quelle que soit la dimension de l'affiche. Ainsi les petites étiquettes-réclame que certains commerçants collent eux-mêmes dans les passages fréquentés ou sur les arbres de nos promenades doivent acquitter l'impôt du timbre, même si la dimension de l'étiquette, étant inférieure à celle du timbre, ne permettait pas de l'y apposer.

Affiches de plusieurs fragments. — Il a été admis depuis quelque temps par la Régie que les droits de timbre d'une affiche composée de plusieurs fragments seraient calculés sur la dimension entière de l'affiche et non sur chacune des parties qui la composent, comme la loi avait été interprétée auparavant. Ainsi, il est permis de coller une ou plusieurs bandes blanches ou de couleur, d'apposer au milieu d'une affiche un grand dessin sur papier blanc; le timbre n'est compté que pour la plus grande surface occupée par l'affiche.

Modification des affiches. — En vertu de ce qui précède, il est permis de modifier, par des bandes de couleur différente, le texte d'une affiche, mais à la condition qu'elle n'a pas été collée sur les murs. Si elle est modifiée après l'affichage, serait-ce simplement le jour ou l'heure d'un spectacle, la Régie, qui acceptait pour cette modification le timbre proportionnel à la bande, exige maintenant un nouveau timbre de l'affiche entière.

Contraventions. — L'emploi du papier blanc pour des affiches électorales ou particulières expose l'imprimeur à une amende de 5 à 15 fr. par affiche. L'emprisonnement peut être prononcé en cas de récidive.

Le défaut de timbre est puni d'une amende contre l'imprimeur et celui qui fait afficher (V. Timbre).

Les crimes et délits commis par voie d'affiche sont punis de peines sévères entraînant la responsabilité de l'imprimeur comme on le verra à l AFFICHAGE.

AFFICHES MANUSCRITES

Privilèges. — Les affiches manuscrites peuvent être écrites sur papier blanc, mais elles sont soumises à l'impôt du timbre. Les demandes d'emploi en sont dispensées, mais à la condition d'être vraiment manuscrites, c'est-à-dire obtenues sans le secours d'aucun procédé de reproduction. (Art. 18 de la loi de finances du 26 juillet 1893).

Affiches autographiées par leurs auteurs. — Les affiches obtenues par leurs auteurs à l'aide d'un procédé quelconque de reproduction sont soumises aux obligations générales des affiches particulières : timbre spécial, emplacements réservés, dépôt à la Préfecture, etc.

AFFICHES PEINTES

Désignation. — Ces affiches sont généralement faites par le peintre sur un mur bien exposé à la vue des passants. Elles atteignent quelquefois des dimensions colossales. Sont assimilées aux affiches peintes sur les murs, les affiches peintes sur toile et clouées sur le mur à l'aide d'un cadre en bois.

Impôt. — Les affiches peintes acquittent un impôt spécial proportionnel à la dimension, créé par la loi budgétaire du 8 juillet 1852 sous le nom de *droit d'affichage.* A partir du 1er janvier 1894, la taxe cesse d'être annuelle et vaut pour toute la durée de l'affiche. Elle varie suivant la population des villes :

De 5.000 hab. et au-dessous, 1 fr. par mètre carré;
De 5.001 à 50.000 habitants, 1 fr. 50 le mètre carré;
De 50.000 hab. et au-dessus, 2 fr. le mètre carré;
La ville de Paris, 2 fr. 50 le mètre carré.

Elles doivent être déclarées au bureau de l'Enregistrement qui perçoit le prix de l'impôt et donne un numéro d'ordre à reproduire sur l'affiche pour faciliter le contrôle.

Enseignes. — Ne sont pas considérées comme affiches les enseignes peintes sur le mur d'un négociant et relatives à son commerce ; ou encore celles qu'il place sur un mur voisin dans le seul but de guider vers son domicile, s'il est difficile à trouver.

De même les enseignes peintes sur une voiture à l'usage exclusif d'un industriel et concernant seulement sa maison de commerce.

PLACARDS

Désignation. — Les placards sont les affiches prescrites par la loi dans un certain nombre de cas, par exemple par le code de procédure civile pour les ventes judiciaires de meubles ou d'immeubles.

Privilèges. — Les placards sur papier timbré sont considérés comme actes de l'autorité judiciaire et peuvent être affichés dans les emplacements réservés.

Réserves. — Il est formellement interdit d'imprimer sur le timbre de dimension. Si la place laissée libre par le timbre n'est pas suffisante pour contenir l'impression on peut retourner la feuille et imprimer au dos.

Les placards imprimés sur papier de couleur sont apposés en dehors des prescriptions de la loi et simplement destinés à donner une plus grande publicité à la vente. Ils ne peuvent être affichés aux emplacements réservés. Ils sont considérés comme affiches particulières et n'acquittent que le timbre spécial de ces affiches, lequel doit être oblitéré dans la forme décrite plus loin.

ÉCRITEAUX

Désignation. — Les écriteaux sont des affiches sur papier blanc ou de couleur, imprimées ou manuscrites, collées ou non sur un carton ou une planche et que l'on place sur un objet pour indiquer qu'il est à vendre ou à louer; à la porte d'un industriel pour indiquer la nature de son travail ; c'est l'avis portant indication d'une nouvelle adresse placé à la porte de l'ancien domicile, ou encore les annonces des cérémonies affichées à la porte de l'église où elles sont faites.

Privilèges. — Ils sont dispensés du timbre, mais à la condition expresse qu'ils concernent spécialement le commerce, la maison ou l'objet sur lequel ils sont placés. Sans cela, ils sont considérés comme affiches particulières et soumis aux mêmes obligations.

Tableaux-réclame. — Par la forme particulière qu'ils affectent, les tableaux-réclame sont généralement confondus avec les écriteaux. Mais comme ils sont destinés le plus souvent à être placés dans l'intérieur des établissements publics (cafés, cercles, bains, bureaux d'omnibus, etc.) ils tombent naturellement dans la catégorie des affiches particulières et doivent être timbrés.

Porteurs d'affiches. — Les porteurs d'affiches sont considérés comme distributeurs d'imprimés sur la voie publique, et ces imprimés ne sont soumis à aucune des obligations de l'affichage proprement dit.

AFFICHES D'INTÉRIEUR

Désignation. — Il n'existe pas, à proprement parler, d'affiches d'intérieur. On se plait à appeler de ce nom celles qui, par occasion, se trouvent dispensées du timbre parce qu'elles ne sont pas affichées dans un lieu public.

Privilèges et réserves. — Ainsi, par exemple : un notaire, un avoué pourront afficher *dans leur étude* et sans timbre une affiche de vente qui doit avoir lieu par leur ministère ou celui d'un de leurs collègues ; un commerçant pourrait mettre, *dans son magasin* et sur une marchandise, un tableau-réclame non timbré, même si ce tableau-réclame contenait des indications complémentaires concernant spécialement le fabricant de ce produit, parce que l'étude ou le magasin ne sont pas des établissements publics.

Cependant, si un commerçant s'avisait de placer derrière les vitres de son magasin des affiches *non timbrées* concernant une autre maison que la sienne propre, il serait en contravention ; ces affiches seraient considérées comme des écriteaux ou enseignes si elles avaient pour unique objectif le commerce de la maison, sans indication complémentaire aucune concernant une autre maison de commerce.

Au contraire, un directeur de théâtre peut afficher sans timbre au contrôle l'affiche du spectacle, mais ne pourrait mettre dans les mêmes conditions l'affiche d'un autre théâtre ; le propriétaire d'un café peut placer dans les salles toutes réclames qu'il lui plaira concernant les consommations qu'il sert à ses clients, mais ces réclames ne doivent contenir aucune indication pouvant profiter à autrui, sous peine d'être privées de cette faveur, parce que le théâtre et le café sont des établissements publics.

CONDITIONS GÉNÉRALES

NOM D'IMPRIMEUR

Obligations et pénalités. — La loi du 29 juillet 1881, art. 2, dit : « Tout imprimé rendu public, à l'exception des ouvrages dits *de ville* ou *bilboquets* portera l'indication du nom et du domicile de l'imprimeur, à peine, contre celui-ci, d'une amende de 5 à 15 fr. La peine de l'emprisonnement pourra être prononcée si, dans les douze mois précédents, l'imprimeur a été condamné pour contravention de même nature. » Il est obligatoire sur les affiches.

Domicile. — En ce qui concerne le domicile, il faut entendre la ville où l'imprimeur exerce, sans qu'il soit nécessaire d'indiquer la rue et le numéro, s'ils sont généralement bien connus.

Omission ou faux, Présomption. — L'omission du nom ou de l'adresse seulement suffit pour motiver la contravention. Une fausse adresse est considérée comme une simple omission, et à défaut de nom d'imprimeur, les auteurs présumés d'une affiche sont ceux à qui l'affiche profite, à moins de présomptions contraires.

Contraventions et pluralité. — La contravention n'existe qu'autant que les affiches ont été remises au client ou à l'afficheur. Le même fait n'entraîne qu'une contravention quel que soit le nombre d'exemplaires, mais il y a plusieurs contraventions s'il s'agit d'imprimés différents.

La prescription est acquise au bout de trois mois (art. 65 de la loi du 29 juillet 1881).

DÉPOT

Dépôts obligatoires. — Aux termes de l'article 3 de la loi du 29 juillet 1881, sauf pour les affiches commerciales, le dépôt est obligatoire pour toutes les affiches de l'autorité, affiches administratives, affiches autographiées par leurs auteurs, etc. Il est très rigoureusement exigé des affiches électorales et aussi des affiches de spectacle. Ces exemplaires ne doivent pas être timbrés, le timbre n'étant qu'un impôt d'affichage.

Le dépôt est rigoureusement exigé aussi pour *tous les imprimés électoraux*, circulaires, professions de foi, etc., distribués à la main ou envoyés par la poste; les bulletins de vote en sont seuls exceptés.

Heure du dépôt. — Le même article dit: « Au moment de la publication de tout imprimé, il en sera fait, par l'imprimeur, sous peine d'une amende de 15 à 300 francs, un dépôt de deux exemplaires destinés aux collections nationales. » A défaut d'indications contraires et pour se conformer exactement à la lettre de la loi, « au moment de la publication », le dépôt peut être fait à n'importe quelle heure. Dans les cas urgents et pour des affiches électorales imprimées dans la nuit pour être apposées aussitôt, il peut être fait au milieu de la nuit sans que le concierge puisse se refuser à le recevoir. Il est admis aussi qu'il suffit que le dépôt sorte de l'imprimerie *avant* les autres exemplaires, et sans qu'il soit nécessaire d'attendre, pour remettre ceux-ci, le retour de l'employé chargé de faire le dépôt.

Lieux de dépôt. — « Ce dépôt sera fait au Ministère de l'Intérieur pour Paris; à la Préfecture pour les chefs-lieux de département; à la Sous-Préfecture pour les chefs-lieux d'arrondissement, et, pour les autres villes, à la Mairie. » Les publications périodiques sont généralement remises au concierge qui signe sur un carnet spécial ; les autres dépôts sont faits au moyen d'une feuille de déclaration plus complète et en double expédition, dont l'une est retournée à l'imprimeur, signée du Préfet ou de son secrétaire-général.

Chiffre du tirage. — « L'acte de dépôt mentionnera le titre de l'imprimé et le chiffre du tirage. » Le chiffre du tirage, s'il est augmenté après la déclaration du dépôt, peut donner lieu à une nouvelle déclaration pour indiquer cette augmentation, si elle est importante.

Contraventions. — Les contraventions pour omissions de dépôt ou déclarations inexactes sont punies d'une amende de 16 à 300 francs. Il y a prescription après trois mois.

TIMBRE D'AFFICHE

Création. — L'impôt du timbre sur les affiches, lorsqu'elles sont apposées dans un lieu public, a été établi par la loi du 9 vendémiaire an VI. Il a été modifié à diverses reprises jusqu'en 1866, et en 1871 il a été augmenté du double décime. Il était acquitté par l'apposition du timbre à l'extraordinaire dans les bureaux de l'Enregistrement, comme on peut le faire encore aujourd'hui pour s'éviter un gros travail ou une lourde responsabilité.

Timbre mobile. — Le décret du 21 décembre 1872 a créé « pour l'exécution de la loi du 27 juillet 1870, des timbres mobiles de 6, 12 et 24 centimes, conformes aux modèles annexés à ce décret. — Provisoirement, les droits de 18 et de 48 centimes seront acquittés par l'apposition de deux timbres mobiles.» On a créé depuis le modèle du timbre à 18 centimes, mais pas celui de 48 centimes.

Adhérence. — « Les timbres mobiles seront collés par les imprimeurs à leurs risques et périls, » dit le décret, art. 2, et en vertu de ce principe l'Enregistrement rend les imprimeurs responsables de l'adhérence des timbres sur les affiches, même placardées depuis quelque temps.

Cette interprétation a soulevé de nombreuses protestations de la part des imprimeurs et des journaux techniques.

Oblitération. — « Ces timbres seront apposés de manière à ce qu'ils soient oblitérés, par l'imprimeur, de deux lignes au moins du texte de l'affiche. — Dans le cas où, par suite de la disposition des caractères typographiques, l'oblitération ne pourrait avoir lieu ainsi qu'il est prescrit par le paragraphe précédent, il y sera suppléé par une griffe apposée à l'encre grasse en travers du timbre et faisant connaître le nom de l'imprimeur ou la raison sociale de la maison de commerce, ainsi que la date de l'oblitération. » (Art. 2 du décret).

Echange et restitution. — Le droit de timbre étant un impôt de consommation n'est pas en principe restituable. Cependant, comme c'est l'apposition de l'affiche qui donne lieu au droit, la Régie autorise dans certains cas déterminés l'échange des affiches timbrées à l'extraordinaire ou des timbres mobiles qui n'ont pas été apposés.

Dans une espèce où des affiches électorales avaient été revêtues du timbre mobile par un Comité pour satisfaire aux injonctions d'un Sous-Préfet qui, croyant ces imprimés soumis au timbre, refusait de les laisser afficher avant le payement du droit, la Régie a autorisé la restitution du coût du timbre employé, bien que les affiches eussent été apposées. *(Pandectes françaises)*.

Responsabilité de l'imprimeur. — Bien que la loi de 1866 donne à l'imprimeur la faculté d'imprimer l'affiche sur papier non timbré à l'extraordinaire, il n'en est pas moins tenu de veiller à ce que le timbre soit apposé avant l'affichage. Cette loi a, en effet, maintenu expressément, en cas de contravention, les amendes et pénalités édictées contre l'imprimeur par l'article 69 de la loi du 28 avril 1816. Vainement, pour se soustraire aux conséquences de la contravention, l'imprimeur se prévaudrait d'une mention mise par lui au bas de l'affiche : « Défense d'afficher » ou bien encore « Affiche d'intérieur. » *(Pandectes françaises).*

Contraventions. — Aux termes des articles 20 et 21 de la loi du 11 juin 1859, sont considérées comme non timbrées les affiches revêtues d'un timbre mobile mal oblitéré ou ayant servi. En outre, ceux qui auront sciemment employé, vendu ou tenté de vendre des timbres mobiles ayant déjà servi seront poursuivis devant le tribunal correctionnel et punis d'une amende de 50 à 1.500 francs. En cas de récidive, la peine est d'un emprisonnement de 5 jours à 1 mois et l'amende est doublée. Il peut être fait application de l'article 463 du Code pénal sur les circonstances atténuantes. *(Id.)*

Pour défaut ou insuffisance de timbre sur les affiches, l'imprimeur est puni d'une amende de cinquante francs en principal, pour la totalité des affiches d'un même tirage ; les personnes qui font afficher encourent aussi une amende de vingt francs en principal. Les amendes sont sujettes à une majoration du double décime et demi (Loi du 30 décembre 1873, art. 2.)

En ce qui concerne les affiches manuscrites il y a pluralité d'amendes, c'est-à-dire une amende par affiche délictueuse.

Le prix du timbre de la totalité des affiches est toujours exigé en plus de l'amende.

Les délinquants sont poursuivis devant les tribunaux civils, en cas de refus de payement; la contrainte par corps n'existe plus en matière civile (Loi du 22 juillet 1867, art. 1er).

Prescription. — Les droits de timbre, à défaut de disposition spéciale sur ce point, sont soumis à la prescription trentenaire, mais les amendes se prescrivent par deux ans.

Affiches imprimées à l'étranger. — Les affiches imprimées à l'étranger doivent, pour être affichées en France, acquitter l'impôt des affiches par l'apposition du timbre proportionnel à la dimension et se conformer aux lois en vigueur sur l'affichage.

AFFICHAGE

EXERCICE DE LA PROFESSION D'AFFICHEUR

Liberté. — La loi du 29 juillet 1881 sur la presse a proclamé la liberté entière de l'affichage. L'art. 68 porte : « Sont abrogés les édits, lois, décrets, ordonnances, arrêtés, réglements, déclarations généralement quelconques relatifs à la librairie, à la presse périodique et non périodique, au colportage, *à l'affichage*, à la vente sur la voie publique, et aux crimes et délits prévus par les lois sur la presse et les autres moyens de publication, sans que puissent revivre les dispositions abrogées par les lois antérieures. »

Responsabilité. — Cet article a exonéré les afficheurs des autorisations, déclarations, etc., auxquels ils étaient soumis ; l'affichage est donc libre, mais sous la responsabilité des auteurs ou afficheurs en cas de délit.

EMPLACEMENTS RÉSERVÉS

Affiches de l'autorité. — L'art. 15 de la loi précitée dit : « Dans chaque commune le Maire désignera, par arrêté, les lieux exclusivement destinés à recevoir les affiches des lois et autres actes de l'autorité publique. Il est interdit d'y placarder des affiches particulières. »

Toute contravention aux dispositions de cet article sera puni d'une amende de 5 à 15 fr. et de l'emprisonnement si dans les douze mois précédents on a encouru une condamnation pour contravention de même nature.

Placards. — Les placards sur papier timbré prescrits par le code de procédure civile pour les ventes de meubles ou d'immeubles peuvent être affichés aux emplacements réservés. Ils sont considérés comme actes de l'autorité judiciaire.

Choix de l'emplacement. — Le Maire désigne ordinairement la porte de la Mairie ou de l'École communale, pour recevoir les affiches de l'autorité. Le plus souvent même, et c'est là une bonne règle à suivre par les Maires, ces affiches sont placées dans un cadre spécial, grillé ou non, qui démontre d'une manière particulière que cet emplacement est réservé ; cela donne aussi une bien plus grande importance aux affiches qui y sont placardées.

Le Maire peut encore désigner, pour ces affiches ou les cadres destinés à les contenir, les murs de l'église ou du presbytère: le curé ou la fabrique ne pourraient formuler aucune opposition en ce qui concerne les seuls actes de l'autorité, très faciles à distinguer à cause de la couleur blanche du papier.

ÉDIFICES PUBLICS

Affiches électorales. — « Art. 16. Les professions de foi, circulaires et affiches électorales pourront être placardées, à l'exception des emplacements réservés par l'art. 15, sur tous les édifices publics autres que ceux consacrés aux cultes et particulièrement aux abords des salles du scrutin. »

En vertu de cet article, le Maire ne peut permettre une affiche électorale dans l'emplacement réservé ni invoquer aucun motif pour interdire les affiches électorales sur les bâtiments communaux, même celui de cession du droit d'affichage à un particulier ou à une agence.

Le curé ou la fabrique, et, le cas échéant, un simple particulier peuvent interdire l'affichage sur les murs de l'église et arracher impunément une affiche qui y aurait été placardée.

Affiches particulières. — Les affiches particulières peuvent être affichées sur les édifices publics, sauf les églises, mais à la condition toutefois que le Maire n'y a pas interdit l'affichage ou cédé ce droit à autrui.

Réserves. — Le Maire peut disposer de l'affichage sur les bâtiments communaux et céder ce droit par traité à un particulier ou une agence, comme cela se pratique dans certaines villes de France, mais il est tenu de réserver dans ce traité les affiches électorales que l'art. 16 de la loi de 1881 l'oblige à recevoir.

DROITS DES PARTICULIERS

Propriétaires. — Tout propriétaire est fondé à disposer de son mur ou de sa façade. Il peut y interdire l'affichage et demander des dommages-intérêts si on affiche malgré sa défense. Mais il aliène ses droits en louant *toute* sa maison et ne peut imposer une affiche quelconque à son locataire unique.

Locataires. — Le locataire qui a loué une maison entière est subrogé aux droits du propriétaire et nul ne peut, même le propriétaire, lui imposer d'affiche sur le mur de cette maison, dont il paie la jouissance entière y compris celle du mur extérieur. Mais un locataire qui n'occuperait qu'une partie de la maison n'a aucun droit sur le mur. Ce droit revient tout entier au propriétaire quand même il n'habiterait pas la maison.

Curés. — Les curés habitant ordinairement seuls le presbytère sont les locataires uniques de l'immeuble et le Maire qui, dans ce cas, représente le propriétaire si l'immeuble appartient à la commune, ne peut imposer aux curés l'affichage électoral ou particulier. Il ne serait fondé à imposer que les affiches de l'autorité.

Fabriques. — Le cas est le même à l'égard des fabriques en ce qui concerne le mur de l'église.

Immunités. — Il résulte de ce qui précède que les propriétaires ou locataires uniques peuvent disposer du mur extérieur de leur maison et enlever les affiches qu'on y aurait placardées, sans ce que ce fait puisse leur être reproché devant les Tribunaux.

ÉTABLISSEMENTS PUBLICS

Désignation. — Un établissement, un lieu quelconque est considéré comme public lorsqu'on peut y entrer ou circuler librement en se conformant bien entendu aux conditions exigées.

Sont considérés comme établissements publics : les cafés, restaurants, cercles ; les théâtres et leurs agences de location ; les salles des pas perdus ; les débits de tabac, gares des chemins de fer ; les locaux des hôtels ou maisons meublées qui sont communs à tous les voyageurs, comme la grande salle, les couloirs, salons communs, murs latéraux, vestibule ; les voitures de place, omnibus, wagons, voitures publiques ; les urinoirs.

Réserves. — Ne sont pas considérés comme établissements publics : les études de notaire, les salons de coiffure, les boutiques des marchands; cependant une affiche placée derrière les vitres d'un magasin serait considérée comme affichée sur la voie publique.

Droit d'affichage. — De ce que la loi soumet à l'impôt du timbre les affiches placées dans un établissement public, il ne s'en suit pas que les afficheurs y aient le droit d'affichage. Ce droit est généralement réservé par le propriétaire qui peut en tirer profit.

LACÉRATION

Affiches de l'autorité. — « Ceux qui auront enlevé, déchiré, recouvert ou altéré par un procédé quelconque, de manière à les travestir ou à les rendre illisibles, des affiches apposées par ordre de l'administration dans les emplacements à ce réservé seront punis d'une amende de 5 à 15 francs. Si le fait a été commis par un fonctionnaire ou un agent de l'autorité publique, la peine sera d'une amende de 16 à 100 francs et d'un emprisonnement de six jours à un mois, ou de l'une de ces deux peines seulement. » (Article 17 de la loi du 29 juillet 1881.)

Affiches électorales. — « Seront punis d'une amende de 5 à 15 francs ceux qui auront enlevé, déchiré, recouvert ou altéré par un procédé quelconque, de manière à les travestir ou à les rendre illisibles, des affiches électorales émanant de simples particuliers, apposées ailleurs que sur les propriétés de ceux qui auront commis cette lacération. — La peine sera d'une amende de 16 à 100 fr. et d'un emprisonnement de six jours à un mois ou de l'une de ces deux peines seulement, si le fait a été commis par un fonctionnaire ou un agent de l'autorité publique, à moins que les affiches n'aient été apposées dans les emplacements réservés aux actes de l'autorité. »

Affiches particulières. — Aucune pénalité spéciale n'est édictée par la loi pour lacération d'affiches particulières. Cependant les intéressés, si, par exemple, une personne malveillante détruisait, par un moyen quelconque, une affiche particulière qui viendrait d'être apposée sur les murs, pourraient poursuivre cette personne devant les tribunaux civils.

L'article 1382 du Code civil porte : « Tout fait quelconque de l'homme qui a causé un dommage à autrui oblige celui par la faute duquel il est arrivé à le réparer. » — Art. 1383 : « Chacun est responsable du dommage qu'il a causé non seulement par son fait mais encore par sa négligence ou son imprudence. »

La destruction des affiches particulières n'entraîne que la responsabilité civile de l'agent coupable, et, d'après la loi, on ne pourrait procéder contre lui que par voie de jugement ou de saisie, sans que jamais on puisse requérir l'amende ou la prison.

Affiches anciennes. — Les affiches anciennes, celles qui se détachent elles-mêmes de vétusté ou qui ont complètement perdu leur intérêt, ne peuvent évidemment occasionner de dommages à celui qui en enlèverait les restes ou les recouvrirait par une nouvelle.

Cependant, comme les contestations peuvent être nombreuses à ce sujet, il serait très utile de réglementer cette question si intéressante de la conservation des affiches.

CONSERVATION

Affiches de l'autorité. — Les affiches de l'autorité, placées dans un emplacement ou un cadre spécialement réservé à cet effet et protégées par les pénalités de la loi, sont généralement assurées de leur conservation jusqu'au moment où, n'ayant plus d'intérêt, elles peuvent être enlevées sans inconvénient. S'il arrive que, par suite de nombreuses communications officielles à faire au public, les affiches de l'autorité soient apposées en dehors de l'emplacement réservé, elles sont généralement respectées par les afficheurs bien que la loi n'édicte aucune pénalité pour ce cas particulier.

Affiches électorales. — Les affiches électorales sont encore protégées par la loi, qui punit de l'amende celui qui les lacérerait ou les recouvrirait, comme on l'a vu à l'article précédent. Cependant, comme nous l'avons dit aussi, le propriétaire conserve le droit d'enlever les affiches électorales apposées sur son mur, et tout particulier celui de détruire les affiches électorales ou autres apposées sur les murs des édifices consacrés aux cultes.

Affiches particulières. — *Seules* les affiches particulières ne sont pas légalement assurées de leur conservation. L'administration devrait garantir aux affiches qui paient l'impôt du timbre une durée minimum d'affichage par l'apposition d'un timbre à date, par exemple, qui éviterait toutes contestations entre les afficheurs concurrents.

Sans cela, la loi du 29 juillet 1881, qui a voulu donner la liberté de l'affichage, aura eu pour résultat de faire disparaître ce mode de réclame; il donne cependant un certain profit aux imprimeurs et aux afficheurs eux-mêmes, mais plus encore aux caisses de l'État par l'impôt du timbre.

C'est à cause de cet impôt que nous réclamons, dans les limites légales, la protection de l'Etat pour les affiches particulières, tout comme il assure la paisible jouissance de son droit à celui qui a payé sa place au marché pour y étaler et vendre sa marchandise.

CRIMES OU DÉLITS

Désignation. — Les articles 23 et suivants de la loi du 29 juillet 1881 prévoient les crimes et délits qui pourraient être commis par voie d'affichage:

la provocation contre la sûreté de l'État ou des particuliers; l'offense au Président de la République; l'outrage aux bonnes mœurs; la diffamation ou l'injure pouvant porter atteinte à l'honneur d'une personne; etc.

Responsabilité des imprimeurs. — L'art. 42 reconnaît passibles des peines encourues de ce fait: 1° les auteurs; 2° les imprimeurs; 3° les afficheurs.

POLICE

Attributions des Préfets et des Maires. — Bien que la loi du 29 juillet 1881 donne la liberté de l'affichage et abroge les dispositions réglementaires des Préfets et des Maires, ces fonctionnaires conservent néanmoins des attributions de police et pourraient faire disparaître, de leur propre autorité, les affiches qui seraient de nature à occasionner des rassemblements entravant la circulation, à troubler l'ordre public ou blesser la morale. (Lois de police générale de 1790 et 1791); les affiches énonçant des remèdes secrets (art. 36 de la loi du 29 germinal an XI) et celles concernant les loteries prohibées (art. 4, § 2 de la loi du 21 mai 1836); celles qui provoqueraient aux crimes ou délits prévus dans le chapitre précédent.

Attributions de l'autorité militaire pendant l'état de siège. — Lorsque dans une ville l'état de siège est déclaré, l'autorité se trouve toute entière dans les mains du Commandant de la Place qui est subrogé au Préfet; il peut interdire toute manifestation, par voie d'affiche ou autrement, qui lui semblerait de nature à troubler l'ordre public dans la ville assiégée. (Art. 9 de la loi du 9 août 1849).

Les délinquants pourraient être traduits en Conseil de guerre.

JURIDICTION

Cour d'assises. — Loi du 29 juillet 1881, art. 45 : « Les crimes et délits prévus par la présente loi seront déférés à la Cour d'assises. »

La poursuite aura lieu d'office et à la requête du ministère public sur la plainte des personnes ou des corps intéressés.

Si le prévenu est domicilié en France, il ne pourra être arrêté préventivement, sauf en cas de crime.

Les articles 47 et suivants donnent la procédure suivie en cette matière.

Tribunal correctionnel. — Sont déférés aux tribunaux de police correctionnelle les délits et infractions prévus par les articles suivants de la loi :

Art. 3 et 4. Dépôt légal ;

Art. 17, §§ 2 et 4. Lacération des affiches de l'autorité ou électorales, commise par un fonctionnaire ou agent de l'autorité publique ;

Art. 27, § 2. Affichage de dessins obscènes ;

Art. 32 et 33, § 2. Diffamation ou injure contre les particuliers ou envers les corps constitués ;

Art. 37, 39 et 40. Affichage de documents judiciaires dont la publication est réservée.

Tribunal de simple police. — Sont renvoyées devant les tribunaux de simple police les contraventions d'affichage prévues par la même loi :

Art. 2. Nom d'imprimeur ;

Art. 11. Lacération d'affiches de l'autorité ou électorales, commise par un simple particulier.

Art. 15. Affichage dans l'emplacement réservé aux affiches de l'autorité.

Tribunaux civils. — Les réparations de dommages résultant de la lacération d'affiches particulières doivent être poursuivies devant le Tribunal civil ou la Justice de paix si la somme réclamée n'excède pas deux cents francs. Sont encore déférées aux Tribunaux civils les infractions à l'impôt du timbre. (Voir *Timbre*).

Récidive, circonstances atténuantes, prescription. — « L'aggravation des peines résultant de la récidive ne sera pas applicable aux infractions prévues par la présente loi.

« En cas de conviction de plusieurs crimes ou délits prévus par la présente loi, les peines ne se cumuleront pas, et la plus forte seule sera prononcée. »

« L'article 463 du Code pénal (circonstances atténuantes) est applicable dans tous les cas prévus par la présente loi. Lorsqu'il y aura lieu de faire cette application, la peine prononcée ne pourra excéder la moitié de la peine édictée par la loi.

« L'action publique et l'action civile résultant des crimes, délits ou contraventions prévus par la présente loi se prescriront après trois mois révolus, à compter du jour où ils auront été commis ou du jour du dernier acte de poursuite, s'il en a été fait. »

TABLE DES MATIÈRES

Désignation des Affiches.

Conditions générales.

Affichage.

Juridiction.

www.ingramcontent.com/pod-product-compliance
Ingram Content Group UK Ltd.
Pitfield, Milton Keynes, MK11 3LW, UK
UKHW021944260726
13994UKWH00004B/1534

9 782329 389332